EL TIEMPO
de la MARIPOSA

Poesía de una mente bipolar

Título original: El Tiempo de la Mariposa
Primera edición: febrero de 2019

Textos: Jacqueline Loweree
Diseño y maquetación: Aidan James
Correcciones: Jaime Dagio Martínez

Reservados todos los derechos. No se permite la reproducción total o parcial de esta obra, ni su incorporación a un sistema informático, ni su transmisión en cualquier forma o por cualquier medio (electrónico, mecánico, fotocopia, grabación u otros) sin autorización previa y por escrito de la titular del copyright. La infracción de dichos derechos puede constituir un delito contra la propiedad intelectual.

No soy una psiquiatra o psicóloga. Solo soy una persona afectada por el trastorno bipolar. El contenido de éste libro no pretende compartir consejos médicos. Por favor acuda a un profesionista si padece, o piensa que padece, de algún trastorno mental.

Copyright © Jacqueline Loweree, 2019,
All Rights Reserved

www.jloweree.com
jacquelineloweree@outlook.com

ISBN: 978-1-7335807-0-0

Para mi mamá quien en el 2018 decidió aceptar y aprender sobre mi bipolaridad. Y aunque ella no lo sepa, y yo no se lo haya dicho, gracias a ese empeño de madre, a ese amor incondicional, estoy viva.

Te amo, madre.

Para Cuate quien sigue luchando.

Para quienes trabajan en el campo de la salud mental. Gracias por escucharnos.

Para los bipolares. Recuerden que cuando no puedan más, tomenlo un día a la vez.

Para mí que valgo mucho y a veces se me olvida.

*"Porque en el pasado no pude
y en el futuro no sé si podré."*

ÍNDICE

NOTA DE LA AUTORA   *8*
EL TRASTORNO BIPOLAR, DEFINIDO   *10*

EPISODIO MANÍACO   *12*

Abrumada   *16*
Casa Vacía   *17*
Cenizas   *18*
Conjugar   *19*
Cuando un Puto Hombre te Rechaza   *20*
Duplicidad   *21*
El Consejo de una Viejita   *22*
El Divorcio   *23*
El Espero   *24*
El Extraño que Extraño   *25*
El Pensamiento   *26*
Ellos También Quieren Ver   *27*
Escalando la Lluvia   *28*
Hoy Me Despido de Duelo   *29*
La Cobija   *30*
La Esperanza del Jodido   *31*
La Hidra de las Mañanas   *32*
La Ruptura   *33*
La Traicionera   *34*
La Vela de Lavanda   *35*
Las Gaviotas   *36*
Los Apegos   *37*
Los Bipolares   *38*
Los Merolicos en el Callejón del Beso   *40*
Mentiras   *41*
Naturalmente   *42*
Náufragos   *43*
No Te Enamores de Mí   *44*
Nosotros los Poetas   *45*
Perros y Garrapatas   *46*
Querida   *47*
Sabor a Chocolate   *48*
Solo Locos   *49*
Tú y Yo   *50*

EPISODIO HIPOMANÍACO   *52*

Algo Bonito   *56*
Amor a la Cantinflas   *57*
Amor Caducado   *58*
Árboles de Lima   *59*
Caminares de Mujer   *60*
Cebolla   *62*
Dedos y Amistades   *63*

El Viejito del Corsage	64
Higo en Invierno	65
La Decepción	66
La Diferencia	67
Las Estrellas	68
Mi Bella Juárez	69
Olvidaré Nunca	71
Pordioseros	72
Un Día Más	73
EPISODIO DE DEPRESIÓN MAYOR	74
Alicia	78
Amores de Tercos	79
Anoche Soñé Morir	80
Café con Leche	81
Colonia Ferrocarril	82
De Pocas Palabras	84
Desnuda	85
El Reflejo	86
El Tiempo de la Mariposa	87
Estoy Lista	88
Extraña	89
Gotas	90
Haber Vivido	91
Impotencia	92
Invierno	93
La Costra	94
La Piedra en el Zapato	95
La Plaza Cataluña	96
Los Barrenderos	97
Mañana	98
Mariposas	99
Me Regaló Una Flor	100
Mujer, Levántate y Lucha	101
Muy Apenas	102
No Eres Tú, Soy Yo	103
Noche y Día	104
Olvidar	105
Poema de Lunes	106
Rompecabezas	107
Se me Olvida	108
Sofocante	109
Tibio	110
Tiempo, El Sátiro	112
Viendo a Ciegas	113
EMPODÉRATE	114

NOTA DE LA AUTORA

Me llamo Jacqueline y como la mariposa vivir en polos opuestos es mi temática. Soy bipolar. Mi mente trastornada es mi bendición tal y cual como mi maldición. Vivir con este trastorno es existir dentro de dos, muy opuestos, sentidos: la manía y la depresión. Las manías me peligran, agotan, aíslan. Las depresiones me debilitan, apagan, aturden. Dicen que a los bipolares el destino nos despellejó. Y como moribundos y locos andamos por las calles con las entrañas expuestas. Así, sin piel, todo se nos amplifica. El dolor, el amor, la emoción, la pasión, el enojo. Como a la mariposa, el soplido del viento aunque débil sea, nos puede destrozar. Al rozar la carne viva de nuestros cuerpos, el viento nos puede quemar. Si nos tocas morimos – a veces de dolor otras de emoción.

Tristemente, la bipolaridad es un trastorno común alrededor del mundo. Es difícil encontrar una cifra fija pero se estima que 2.4% de personas sufren del trastorno.[1] En números brutos y muy bruscos alrededor de 168 millones de personas en el mundo son bipolares. Aún más triste es que aunque común sea la enfermedad, su compleja totalidad no es muy conocida. Por eso el tema, tal como es el de otros trastornos mentales, ha sido estigmatizado. Debido a percepciones erróneas existen estereotipos dañinos sobre los bipolares pintándonos como personas violentas y volubles.

Pero la verdad es que los bipolares no somos dramáticos con impredecibles arranques de enojo. No estamos felices en un momento y tristes en otro. Con nosotros no es necesario caminar sobre cascarones de huevo por miedo a una reacción exagerada. No es fácil, ni sexy, ni cotizado ser bipolar. No. Simplemente no. El ser bipolar es vivir en un estado de constante confusión al no saber si nuestras emociones son nuestras o si se basan en la enfermedad.

Nosotros sentimos mucho, pero poco lo hablamos, porque es imposible describir con palabras el tormento de nuestras mentes. Nuestros pensamientos botan con la misma rapidez de cómo botan las pelotitas de ping pong. Las ideas durante nuestras manías nos sofocan. La falta de esperanza durante nuestras depresiones nos ahoga. Somos sensibles, amorosos, creativos, artistas, genios, cautivadores – entre otras cosas. Somos comunes y corrientes pero

---

[1] Merikangas, K.R., Jin, R., He, J.P., Kessler, R.C., Lee, S., Sampson, N.A.,... Zarkov, Z (2011). Prevalence and Correlates of Bipolar Spectrum Disorder in the World Mental Health Survey Initiative. Arch Gen Psychiatry, 68, 241-251.

para nosotros los extremos son nuestra norma, nuestro equilibrio. Hace un año empecé a escribir esta compilación de poesía. Inicialmente lo hice para poder sacudir la ahogante desesperación de no poder describir el tormento por dentro. Fue así que la poesía se convirtió en mi terapia. Las palabras fueron las piezas de mi rompecabezas. Cada poema fue una pieza encajando en su adecuada parte.

Pieza por pieza, verso por verso, poema por poema, me acerqué más a entenderme. Después me di cuenta que tanto como el escribir me ayudó a mí, el leer puede ayudar a otras personas a conectarse, a no sentirse solos y a poder llegar a entender, al menos un poco, una mente trastornada. Por esta razón escribí El Tiempo de la Mariposa.

La verdad es que no todos mis poemas tratan sobre la bipolaridad. Como lo acerté anteriormente, es difícil para mi definir la influencia que tiene mi trastorno con mi manera de sentir, de analizar, de sobrellevar mis relaciones. Estos poemas tratan de todo y nada. Del amor y desamor. De las amistades y la soledad. De una confusa realidad y una lógica fantasía. De lo que es y no es.

Me llamo Jacqueline y soy muchas cosas. También soy bipolar.

Así de simple y complicado.

EL TRASTORNO BIPOLAR DEFINIDO

Como compartí en la sección previa la bipolaridad es un tema sumamente complejo. Parte de la meta de este libro es generar más comprensión. Por esta razón considero necesario retroceder un poco y crear una interpretación mutua de la enfermedad. La sección a seguir intentará reducir la complejidad del trastorno con un resumen generalizado a través de varias fuentes psiquiátricas.

Sencillamente descrito la bipolaridad es un padecer psiquiátrico con alteraciones extremas y recurrentes en el estado de ánimo de la persona que en ciertas situaciones pueden impedir el funcionamiento social y laboral y también pueden requerir hospitalización. Estos estados de ánimo se prolongan por un periodo impredecible y cambian repentinamente. El afectado sufre de una inestabilidad emocional. Aunque se pueda tratar por medios terapéuticos y farmacólogos, el trastorno no se cura. Nunca. En otras palabras, una persona bipolar siempre será bipolar.

Los profesionistas en el campo de la salud mental disponen del Manual Diagnostico y Estadístico de los Trastornos Mentales (La Biblia Psiquiátrica) para diagnosticar a personas que demuestren los síntomas. Generalmente, el trastorno esta clasificado de dos maneras: Tipo 1 y Tipo 2.
No entraré en detalle sobre las diferencias y similitudes de ambos tipos. Solo compartiré que ambos tipos contienen lo que llaman episodios maníacos (hipomaníacos) y depresivos (los cuales definiré en las siguientes páginas).

Tristemente, por tantas nociones erróneas aún existe mucho estigma que impide el acceso y tratamiento adecuado para las personas diagnosticadas (o no diagnosticadas). Sin el tratamiento adecuado, la bipolaridad puede provocar la muerte. Muchas fuentes aciertan que es el trastorno con el riesgo más alto de suicidio. En mi caso, no soy ajena a los intentos de suicidio pero sí a sus éxitos.

Notarán que he catalogado mis poemas en tres partes, o en tres episodios: la manía, la hipomanía y la depresión. Categoricé mis escritos de esta forma para demostrar unos pequeños ejemplos de como una mente en un estado de manía o de depresión piensa e interpreta sus alrededores. Así espero poder generar un poco más de consciencia sobre la enfermedad para disminuir el estigma, incrementar el tratamiento y evitar tanto, tanto, tanto sufrimiento.

Si sobrevives, si persistes, canta, sueña, emborráchate.
Es el tiempo del frío: ama, apresúrate. El viento de las horas barre las calles, los caminos.
Los árboles esperan: tú no esperes, es el tiempo de vivir, el único.

Jaime Sabines

Es el tiempo de la mariposa.

EPISODIO MANÍACO

Estos poemas fueron escritos durante
mis momentos de ***manía.***

UN EPISODIO MANÍACO, DEFINIDO A TRAVÉS DE LA PSIQUIATRÍA

De acuerdo al **Manual Diagnostico y Estadístico de los Trastornos Mentales**, un episodio maníaco, en resumidas cuentas es:

Tener un estado de ánimo sumamente elevado y energético durante la mayor parte del día y mínimo por una semana concurrida. Al menos tres de los siguientes síntomas tienen que estar presentes para considerarse un episodio maníaco:

- Un autoestima muy elevando
- Poca necesidad de dormir
- Hablar más de lo normal (o no poder hablar coherentemente
- Tener pensamientos (o ideas) muy acelerados
- Distraerse fácilmente por cualquier estimulo (falta de concentración)
- Incremento del enfoque a una actividad productiva (ej. trabajo, estudios, relaciones) o sin propósito
- Aumento en la participación en actividades con grandes consecuencias (ej. gastar mucho dinero o tener relaciones sexuales riesgosas)

Sin tratarse un episodio maníaco puede llegar a la psicosis donde la persona bipolar empieza a desvincularse con la realidad a tal grado que puede escuchar, sentir o ver escenarios fantasiosos. Un episodio así puede impedir el funcionamiento laboral y social. En ciertas situaciones hospitalización psiquiátrica se requiere.

Un episodio maniaco definido a través del verso.

ABRUMADA

El miedo apaga,
no te deja vivir.
La ansiedad desgasta,
no te deja dormir.

Mejor déjalos por detrás
porque no sé si ocurrirá.

La verdad es que
mi cabeza está cansada de girar,
e investigar cada
hueco, esquina, escondite,
de cada posibilidad.
Las miles de trayectorias rebotan dentro
de mi cabeza como pelotitas de ping pong
a la velocidad de la luz.
Mis ojos,
de tanto observar los posibles destinos,
giran y giran en ruedas.
No puedo enfocarme.
Lo más que deseo es dormir,
apagar el canal, bajar el volumen.

Dentro de esta interferencia
siento tanta impotencia -
cuestionándome por cada decisión,
retirando lo dicho,
lamentando lo hecho,
temiendo lo que aún no sucede.

Dame tiempo, deja me desacelero.
Pero te lo pido por favor
no dejes tú de vivir,
no dejes tú de dormir.

CASA VACÍA

Casa vacía,
ilusiones por los cielos.
Cubiertos de plástico,
sabores intensos.
Colchón por el piso,
noches de soñar.
Escritorio solitario,
versos en abundancia.
Paredes austeras,
lienzos en blanco.
Despensa limitada,
pero el alma requeté plena.

Me gusta tener una casa vacía.
Siento que estamos viviendo
el comienzo de una aventura.
Siento que estamos dejando
una vida por detrás.

Junto con ella
sus alegrías y desdichas.

En mi casa vacía,
hoy solo me quedo
con las cenizas
de tus recuerdos, vida.

CENIZAS

Cuando tomé tu mirada con la mía,
y sentí su patética derrota,
me di cuenta que tú no eras para mí,
ni yo para ti.

De terca como una mula
me aferré a las migajas de un
amor no correspondido.
Porque pordiosera fui,
humillándome a tus desprecios,
pidiéndote córima a lo que
hoy reconozco como la seca
y fantasiosa fuente de tu amor.

Tus ojos azules, o grises quizás,
ya no recuerdo
eran tan fríos que el calor de mi
interior se congeló,
y la llama de mi alma se esfumó.

Cuentan que detrás de las cenizas
existen grandes amores.
Que con el calor de la hoguera,
dos locos bailaron al ritmo de las
llamas de un romance inolvidable.
Pero la hoguera de nuestro amor
nunca se encendió,
así que el rastro de nuestras cenizas,
en falsas apariencias fantasmales
desapareció junto con mi dolor,
cual nunca se te concedió.

Porque si no gozamos del fuego,
menos partimos con sus cenizas

CONJUGAR

Una vez me preguntaron,

    "¿Por qué viajas mucho?"

Me quedé pensando.
Al fin les respondí:

    "Porque en el pasado no pude
    y en el futuro no sé si *podré*."

¡Ah, malditas conjugaciones!
Yo pienso que mejor
en el presente conjugo,

    "¿Por qué viajas mucho?"

Porque hoy *puedo*.

CUANDO UN PUTO HOMBRE TE RECHAZA

Éramos amigos
de esos amigos que todo se nos resbalaba;
los cuales a las tres de la mañana
ahí estábamos en carcajada abierta
compartiéndonos pendejadas.

Fueron tantas las cortas noches
que bailando se nos pasaban las horas
y en tus brazos mis tristes reproches.
El ritmo de nuestros cuerpos,
lo admito,
no siempre fue
el más sincronizado.
Tú dabas un paso para atrás,
yo para un lado,
en veces te pataleaba
pero tú nunca lo notabas.

Veíamos a las otras parejas bailar,
nos reíamos de su seriedad.

Pero la seria quedé yo
cuando la sonrisa
de una ilusión
se me desvaneció.

Porque contigo nunca nada
pudo ser de lo de a verdad.

DUPLICIDAD

Los días son extraños,
al pasar los meses en duplicidad
porque no nos encontramos
ni aquí ni en el allá.

Vagabunda soy,
como perra sin dueño.
Me tiro al suelo,
estiro las patas
y así me quedo -

porque sola, sola muero.

Quise tenerlo todo.
Dentro de mi desesperado codicio
me alojé, llorando
en el refugio de un vacío hospicio.

Pero,
aquí no se tratan las ulceras,
esos frutos de mi indecisión -
que en su tremendo ardor,
te fui perdiendo,
todo por pensar con el corazón,
dices tú, "un grave error."
A nadie le pertenezco.
A ningún lugar fijo yo voy.
Mi destino lo desconozco.
Siempre a punto de aterrizar estoy

pero nunca, nunca llego.

Bajo el fondo de la botella,
a través del cristal opaco,
la vista se desgasta.
Ya no se puede ver claramente.
Pero seguiré en pie
oscilando en la duplicidad
ni del aquí ni del allá
como una consciente demente.

EL CONSEJO DE UNA VIEJITA

Para las enamoradas,
al igual frustradas,
las quienes ya no los
aguantan
por que ellos toman
y ustedes cada día,
entre más cólicas,
más amargadas.

Les compartiré
un consejo,
el que una viejita
de 90 años dio
mientras a su
gran edad
sola quedó.

"Mija, no le haga caso a nadie.
Mire, yo ahorita estuviera
en casa con
mi borrachito
para que el
me estuviera
sobando los pies
así bien quedito.
Pero lo dejé por
borracho.
Y ahora estoy sola
sin ningún
apapacho.
No le haga
caso a nadie,
No lo deje.
Aguántelo."

Ah, pobre viejita
estaba tan
enamorada de su viejito.
Aunque borracho fuese
al menos una
sobada
siempre le diese.

EL DIVORCIO

El divorcio es la solución a un fracaso.
No existe un buen matrimonio
que termine en divorcio.
Mejor sola que sola acompañada.
No existe peor soledad
que la de una mujer casada.
Cuidado, que aquí anda una mujer
dejada,
no deseada*
pero

ya NO callada.

* **Solamente** por su ex-marido, pobrecito que en paz no descanse.

EL ESPERO

Todas las partecitas
dentro de mi
añoran por los días a seguir,
en los cuales en nuestros abrazos
nos descubriremos en el
desnudo de nuestros cuerpos.

En tus besos me hundiré.
En el profundo de tu ser,
tus labios
delicados,
tiernos,
cariñosos
rosar por mi piel los sentiré,
hasta sentir mi corazón enloquecer
como el de dos vagos recitándose
poemas de locos,
amorosos.

EL EXTRAÑO QUE EXTRAÑO

Olfateando rastros tuyos
ando sola por la ciudad,
como una perra – sin dueño.
Te siento pero no estás aquí.
Por las noches me cobijo
con el calor de tu aliento.
Cobijas bordadas con el recuerdo
de tus brazos, tus caricias
cuales por las madrugadas recorrían
cada milímetro de mi cuerpo
y mi piel chinita siempre conseguían.
En el recuerdo de tu olor
encuentro mi oxígeno.
Te respiro y te extraño.
Pero este bendito oxígeno
aunque me brinde la vida,
porque no estás aquí
junto a mí, me asfixia.
Mi empeño es tan fuerte
que hasta dentro de mis
entrañas me duele.

Nuestro encuentro en esas
calles pedradas, bajo las afueras
de templos antiguos,
en tierras ajenas
plenas con la sabiduría
de la gran Atenas,
lejos de todos nuestros prejuicios,
fue justamente el de un cuento
de hadas madrinas,
porque historias más románticas
no existen.
Llegaste justo a tiempo
cuando las estrellas se alinearon
a nuestro favor
y en la ciudad de dioses
nos enamoraron.

Fui yo tu arbolito de Navidad
y sentados en las escaleras
de su plaza
iluminadas con sus luces,
mis mejillas las querías besar.
Fuiste tú la sonrisa de mi día,
el resplandor de mi noche.
Y no tanto fueron las luces
del arbolito de Navidad
que iluminaban mi rostro y
esas mejillas que querías acariciar,
sino el haberte conocido
y en el momento
no haber reconocido
que pronto el extraño
sentado a mi lado
se volvería a quien hoy extraño
en la eterna noche y día para el
enamorado.

EL PENSAMIENTO

Caeré rendida
a tu pensamiento
y no a tu caricia.

Porque el pensamiento me es fiel.
Me acompaña por las noches.
Es mío.
Lo manipulo a mi placer.

Pero tu caricia
es compartida
y no regalada.
Tiene prejuicio
a dado tiempo
y oportuno momento.

Con vil franqueza,
te lo admito,
el amor que yo
busco,
es mío mas no tuyo.
De hecho,
contigo no tiene
que ver.

ELLOS TAMBIÉN QUIEREN VER

Navegan en el vacío de mi cuerpo,
un cascaron hueco,
porque lo de adentro,
los ánimos a los días a seguir,
secaron tras las euforias de los días
del ayer.

Pobres mis demonios,
ahogándose en
la oscuridad.
Almas tormentosas le lloran a
la inestabilidad.
Porque hay días que
con la luz brillante de una manía
sus ojos ciegan.
Y después,
con la oscuridad de la melancolía
sus ojos niegan a ver los rastros
de una sonrisa,
a la luz al final del túnel.

La ligereza de
una vida rutinaria,
con el espero
del mañana
y el anhelo
del ayer,
pesa con el bulto de
una vida extraordinaria.
Existimos cubriéndonos con una cobija
tejida con el estambre de la incertidumbre,
bordada con el hilo de la inestabilidad
de una enfermedad, polarmente afectiva.
Te protege contra la hipotermia
de noches ordinarias en las cuales se
desgasta el alma al sufrir la monotonía.

Pero esa misma cobija te limita
a ver la vida tal y como es.

Pobres mis demonios, me imagino
que ellos también quieren ver.

ESCALANDO LA LLUVIA

No me juzgues con la palabra
de tu paradigma.
Castígame con el látigo
de tu desprecio pero
no pretendas saberlo.
No pretendas conocer
los colores de mi arcoíris,
lo grueso de mi niebla,
lo ácido de mi lluvia.

Al llover me empapo.
Mis calles corren solas,
inundadas.
Las alcantarillas se rinden,
tapadas.
El agua,
en el desamparo de su ósmosis,
no sabe a donde fluir.

Intento escalar la lluvia.
La tomo con mis
manos resbalosas.
La aprieto, fuerte.
Después, la desalojo
repentinamente.
En veces la cojo y subo.

No sé a donde voy, pero yo subo.
Siempre escalo, siempre subo.
Yo no funciono con la ciencia
de un algoritmo.
Entiende que mis matemáticas
no tienen ritmo.
Y que mi locura es mi método.

Así que,
no me juzgues con tu paradigma
porque tú nunca has escalado las
gotas de la lluvia
como si escalaras en un farallón
con una soga podrida.

HOY ME DESPIDO DE DUELO

Duelo llegó en un atardecer
y en treinta días se fue.
Le dije,
    "Duelo, el muerto y el arrimado
    a los tres días apestan."
    Conmovido por la dicha
    de mi repentina resiliencia,
    empacó sus trastornos
    y me liberó de su firme agarre.

Pero antes de irse me susurró,
    "Te espero allá tras los lejanos
    desamparos de otro amor."
Le tomé la mano
y con una tierna dulzura,
la besé.
Le acaricié su carita
empapada con lágrimas de ceniza.
    "Duelo, hoy me despido
    aunque me seas fiel.
    Hoy sonrío sin desmayarme al sentir
    el calor de tu aliento sobre mi piel."
Y después de mucho años,
me liberé de mi fiel
y terco compañero.
Pero al alejarme
toqué mi pecho y sentí
un vacío dentro de mi corazón.
Volteé por satisfacer un
ultimo anhelo,
y lo vi
que en la orilla del paseo marítimo
se hincó a llorar.

Y me marché.

LA COBIJA

Llevo dos días arrastrando la cobija
de cuarto en cuarto
como cola entre las patas,
entremetida.
Me cubre como si fuera mi piel;
con la tela de mi melancolía, tejida,
con diseños de mi ansiedad, bordada,
la misma que me pica y hormiguea bajo
mi piel, mi cobija.

Al salir, la luz del día,
por muy nublado que sea,
me ciega y quema la superficie
de mi piel,
como quema al vampiro
recién despertado de una siesta
de cien años.

Afuera,
la mirada de los extraños
cala.
La siento intensamente
sobre mí.
Se apetecen de mi vulnerabilidad,
como los lobos
cuando acorralan a la oveja.
Me juzgan porque en el exterior
aún aporto rastros de mi cobija
y en ellos mi ignominia.
Sin ella,
soy naufraga
recorriendo las calles,
perdida, sin destino ni fin.
Sangrando,
mis órganos expuestos,
palpitando.

Sin ella,
estoy desnuda antes de ti.
No tengo piel.
Y si me tocas,
me muero.

LA ESPERANZA DEL JODIDO

Les contaré algo extraño -
tiene varios días sucediéndole,
lo persiguen las mariposas,
arrimándosele al pasear.
Docenas y docenas,
sus alitas de color naranja,
encantando con sus diseños
y cálidas matices
de una típica monarca.
Las mariposas atraen la dicha
de una fortuna, de la buena racha,
según cuentan las viejitas sabias
de pueblos pequeños,
donde el soñar sobra,
y de fantasías uno se emborracha.

Nos ilusionamos con señales celestiales
presagiamos a nuestro favor, siempre,
porque el soñar no nos cuesta nada.

Al menos para el jodido, esa es la esperanza.

LA HIDRA DE LAS MAÑANAS

Por las mañanas
soy poeta.
Navego en una marea
turbulenta,
recitándote cuentos de
monstros de la marina.
Pero la hidra soy yo,
mis cabezas abrumadas
con el veneno de mi manía.

Por las mañanas
el sentido todo lo tiene.
Al amanecer sé amar
como una imbécil niña
recién nacida
en el fuego de la
mente cautiva;
donde la hidra,
como Zeus a Atenas
de sus nueve cabezas,
quedó parida.

Pero por las tardes
el éxtasis desvanece,
el delirio desenfurece
y el fuego ya
no me atorméntese.

Porque
por las tardes
soy consiente.

LA RUPTURA

Que confusa es la ruptura
de un amor que nunca fue.
Termina a golpe
sacándote el aire por el pecho.
Todo lo que fue, o no,
de un día para el otro dejó de ser.
Al mirarte al espejo, no te reconocerías
Ayer, tu carita tierna y cariñosa;
hoy, fría como el hielo de primavera -
fuera de lugar, inesperado, confuso.
Tu rostro, el de un extraño,
me contempla momentáneamente
con una mirada hueca.
Tus ojos cafés, al buscarlo,
plenos de rencor.
En el duelo, dejas de ser tú.
Al contrario,
en la desdicha de un desamor,
me descubro aún más.
En el espejo de mi desgracia
se refleja el rostro de una
mujer de admirarse.

Yo.

Porque mientras tú te refugias en la indiferencia
yo me apodero de mi bendecida resiliencia.

LA TRAICIONERA

Quisiera serte fiel
pero no puedo.
Las tentaciones de otras ilusiones
me hipnotizan
y estropean la poca certeza
que ya no tengo.

Me soy leal,
devota a mis sentimientos,
continuamente
incondicional.

Si concordamos
seré tuya por
siempre.
Si en tu corazón me reflejo,
al menos por un momento,
me rendiré a ti -
inconsciente,

o hasta que el espejo se opaque,
tus ojos cafés dejen de iluminarme,
y el rizo de tu cabello, se derrame.

Me gusta admirarme en el espejo
y reconocer a mi delicado reflejo.
Así que no dejes herirte
porque te advierto -
en cuanto el destello
de un extraña me contemple
tras un espejo empañado
rechazo ser tu esclava,

porque traicionera no soy,
aunque a ti fiel deje de serte.

LA VELA DE LAVANDA

Mantengo encendida tu vela de lavanda.
De mi cama enseguida, su llama baila.
En sus sombras veo tu rostro.
En su calor siento tu aliento.
En su fragancia te añoro, pero
de tu memoria me alimento.

Nos acurrucamos con versos de amor.
Tú recitándome poemas de Prévert,
yo escuchándote con todo mi ser.
Y en el calor de tu cuerpo me perdí.
En un laberinto sin llegado fin,
sus corredores esparcidos
con pétalos de rosas
deletreando tu nombre, conseguí.

fueran también las causas
de la desolación.
Ya que el llanto me sofoca,
porque tu olor
impregnado en mi almohada
me vuelve loca.

En ti me perdí
y deje los años
de lejanos amores,
de vacíos enteros
y crueles decepciones,
tras de mí.

Nuestros besos fueron como los
de perros olvidados -
hambrientos, sedientos, insaciables.
Pero nosotros éramos los perros.
Extraviados por el rechazo,
fiel al cariño
a una breve mirada de algún extraño,
y si tan afortunados a una caricia
aunque de lástima fuera.
Antes de ti, antes de mí,
nos ahogábamos en nuestra soledad
y en la esperanza de algún día conocernos,
de encontrarnos en lo profundo
de nuestros oscuros ojos.
Con una tierna caricia,
la intensidad de nuestra mirada
y el calor de nuestros dulces labios,
dijimos lo todo, sin ninguna palabra.

Después de ti, después de mí,
ya cuando te marchaste
me ahogué en el anhelo de volver a
contemplarnos en lo café de nuestros ojos.
¡Oh! En tu pensar me asfixio,
mi pecho a punto de estallar.
Nunca nadie me advirtió
que las mariposas del amor

LAS GAVIOTAS

Con el café por una mano
y el lápiz en la otra,
despegué mi mirada de la hoja
y aceché hacia el mar.

Las gaviotas del amanecer
empiezan su vuelo coreografiado.
En sus píos me cuentan historias de amor.
Dicen que en el mundo
existe un alma para cada quien.

El amor pasajero fluye en el exterior,
desvanece tan pronto como llegó.
Pero dicen ellas,

y muy confiadas que son,
que el amor sincero fluye en el interior,
dejando impregnada su huella de candor.

Anoche la Luna llena
iluminó los cielos.
Yo, en un café sentada cerca
de la ventanilla,
cerré los ojos y le pedí,
"Luna, hermosa, guíame,
muéstrame el camino,
paséame por tus andares
relucidos.
¡Oh, Luna, seré jamás esclava
a la cruel oscuridad!"
Pero la Luna no me respondió.

Hoy, en este amanecer surgió el Sol
tras la montaña de una isla cercana.
Al iluminar el mar resplandeció
sobre la calma de su marea.

El me iluminó
cuando la Luna
me desamparó.
¿O tal vez fue la Luna
quien lo llamó?

De nuevo las gaviotas pían
sus canciones de amor.
¡Oh, que tan confiadas son!

En la brisa del amanecer
suspiro en sincronía con
el viento de algún ayer.
La tranquilidad que
me envuelve
me llena de esperanza;
esa misma que
nunca jamás muere.

LOS APEGOS

Sin los apegos se vive mejor
pero así poco se siente el amor.
Ya que el involucrarse requiere
cierto sacrificio -
la tranquilidad
cede por las
risas,
vagancias,
travesuras,
pasiones,
inseguridades,
noches sin dormir,
faltas del apetito,
un sexto sentido,
cabezas alborotadas,
pieles chinitas,
ojeras de madrugadas,
arrugas en los ojos
de tanto sonreír,
arrugas en la frente
de tanto discutir,
rostros radiantes,
placeres complacidos,
manos sudadas,
pensamientos distraídos,
ojos cegados
de túnel visiones,
desesperaciones,
frustraciones
al no tenerse,
grandes anhelos
nutriéndose de recuerdos,
entrañas adoloridas,
lágrimas siempre
a punto
a punto
de derramar,
camas compartidas,
pero no temperaturas
en sincronía,
belleza en los detalles,
el arte por las calles,
los murales pintados,
o grafiteados, da igual
todo se le nota el sentido,
días extraños,
sintiendo culpabilidad,
porque no sabemos
si tanta plenitud
merecemos,
días largos lejos de ti,
días cortos cerca de ti
pálpitos acelerados,
melodías sin sonido,
canciones con significado,
ganas de bailar,
así pegadito, bien despacito
después sin ningún ritmo,
unos kilitos demás,
menos, ¿que más da?
ilusiones para viajar,
aprender, gozar, trabajar,
estudiar, creer, confiar,
liberar y
rendirse a la vulnerabilidad.

El de mis apegos,
eres mi enfoque total
y mi total desenfoque.

LOS BIPOLARES

Los bipolares se la pasan bailando,
solos
a las 4 de la mañana
recorriendo calles oscuras.
Quienes los ven gozar les llaman locos
por bailar a música que no escuchan.

Ellos no comprenden que los bipolares
juegan en las selvas mientras ellos
en sus jardines recortados
beben té y de bombones se deleitan.

Los bipolares no comen,
tampoco duermen, porque
de palabras, caricias y miradas
se alimentan.

Los bipolares en versos se pierden,
recitando las incomprensibles filosofías,
tropezándose con verdades
a cada paso.
Después también se convierten
en una confluencia de artísticas
sinfonías
citando
los acertijos de Aristóteles,
los poemas de Neruda
y las cartas de Van Gogh.

Son días verdaderamente poéticos
porque sienten que la emoción,
como el sudor,
les brota por los poros,
drogados con las endorfinas
de sus mentes cautivas.
Abrumados viven
combatiendo la avalancha de
pensamientos
que les aplasta en el peso y frio de su
hielo,
sofocándoles.

Justamente ahí
es cuando empiezan
a perder su vínculo
con la realidad.
Después de ahí,
los bipolares no se
hacen responsables porque
dejan de ser ellos.

Columpiándose
en un péndulo polar
oscilan de la dulce manía
a la oscura melancolía
bruscamente, y sin avisar,
ya que todo lo que sube
siempre tiene que bajar.
Pero los bipolares
no bajan con cuidado.
A los bipolares
les empuja el viento
y caen, golpeados,
casi muertos.
Navegan solos
en la niebla a ciegas;
confundidos,
desorientados.
Todo les corre más lento
y andan por las calles
llorando, moribundos
casi paralizados en
fotos de blanco y negro.
Se atascan dentro
de la interferencia
de dos canales.
Y con tanto ruido
los oídos se les aturden
hasta que
escuchan solo sonidos
amortiguados,
distantes,
reprimidos.

Todo, o quizá poco,
lo llevan acabo
con más esfuerzo.
Por eso los bipolares
le pierden la esperanza a la vida.
Les desvanece el sentido.
La fuerza, resta vencida.

Los bipolares viven en el perpetuo
miedo de ser felices.
La felicidad les desgasta, les agota.
Ellos deben de conformarse a lo gris y
de la mediocridad tienen que
sobrevivir,
aunque el litio opaque sus sentidos y
les deje
huecos, insatisfechos, socavados
fantasmeando en cuentos sin
resolución
hospedándose sin ningún anfitrión y
acostándose, amándose sin
culminación.

Los bipolares viven en el perpetuo
miedo de crecer alas
y volar, volar, volar hasta llegar al sol
el cual en su calor,
les derrite sus alas de cera
arrojándoles, como a Ícaro
lo dejó que muriera.
Ícaro, quien en su delirio vivió
pero como los bipolares sufrió
la consecuencia de llegar a ver al sol.

LOS MEROLICOS EN EL CALLEJÓN DEL BESO

Pase, pase
aquí tenemos besos
de a peso
llévese uno
son bonitos, buenos, baratos
no le cuestan mucho
mas que un peso.
Pase, pase
no le de pena
mire deje le cuento -
tiene 34 años
varias lesiones en el cuerpo
un golpe a los 16,
solo ve con un ojito,
un choque a los 24,
tiene la cadera de un viejito
a los 33 lo tumbó una yegua,
lo dejó bien mansito.
Pase, pase
le prometo que el chavo
le traerá tamales de la suegra
son de rajas, son de acelgas.
No le de pena, señora,
llévese su beso de a peso
le prometo que
la cuidará, velará por usted,
le traerá serenata y norteño,
y señito, la hará reír
primero por gracia
siempre de felicidad.
Bueno, bueno, señoras
atrás de la línea,
no sean golosas
que los besos de a peso ya
se vendieron.

MENTIRAS

Se te resbalan las mentiras
como,
el sudor resbala de mi cuerpo goloso
que empaña las ventanas en lo caloroso
y me empapa al sentir como respiras.

Mientes tan naturalmente.

Y te amo por tus cualidades;
tu don de cuentero refinado
el que pasea soltando la lengua,
pintando paisajes
desérticos con arboles floreados.

Asombras tan fácilmente.

Pero te imploro,
desesperada,
que nunca jamás
me cuentes la verdad.

No me gusta.

Sigue deleitándome con historias fantasiosas
donde nuestros deseos más estigmatizados
se refugian contra el frio de lo cierto
donde ambos existimos en el delirio
de colores resaltados,
palabras con sabor a miel
y príncipes azules.
De tus mentiras sobrevivo.
Por ellas lo arriesgo todo.
Y amo sin fin ni limite.
Aunque tenga muy consciente
que la ilusión no es alimento

y de hambre muera, lentamente.

NATURALMENTE

En el silencio nos entendemos mejor
sin explicaciones, sin excusas.
Te escucho mejor cuando no se habla.
El parpadeo de tus ojos cafés,
me lo dicen todo.

Así, sin palabras, a ciegas
nos encontramos en laberintos,
cuando los demás se pierden.

Las migajas de pan,
en claves para los acertijos más prohibidos,
se convierten.
Ocultan los deseos más codiciados.
La llama, iluminadora del deseo,
guía hasta que las respuestas
de cada acertijo se nos deslizan
sin ningún esfuerzo.

Porque a nosotros
el fuego no nos quema
más nos enciende,
hasta que ampollas nos broten.
Pero importan poco
las heridas por fuera porque
no se comparan a las de adentro.

NÁUFRAGOS

Náufragos extraviados
en bosques que nadie conoce,
en caminos que nadie recorre,
perdidos en el profundo del
índigo de la noche,
cegados en el encandilo del
eterno día y de un reproche,

somos.

NO TE ENAMORES DE MÍ

No te enamores de mí,
solo te haré daño.

Mi atención es como la
de un niña distraída.
Mi lealtad la encuentras
en varios altares
entregada pero esparcida.

Te amaré sin fin
ni limite,
con la intensidad más pura
y el corazón entregado.

Pero ten en cuenta que yo,
ando de ilusión en ilusión.
Como el colibrí que bebe
el néctar de rosa a rosa
nutriéndose del jugo puro,
magistral;
libre, sediento, famélico
satisfaciendo solo la
necesidad del hedonismo
primordial.

Hoy vamos de la mano,
hablándonos de mejores días,
riéndonos de tontos cuentos.
Pero por la mañana
despertarás confundido
en una cama vacía y fría.
Con una gran desesperación
intentarás salvar
lo que resta de mi silueta
antes de su total desaparición.

Te lo advertí.
Soy como el colibrí.
por favor,
no te enamores de mí.

NOSOTROS LOS POETAS

Nosotros los poetas
somos unos hijos de la chingada.
Andamos en búsqueda del verso
como los periodistas tras la historia.

Tras la búsqueda,
descuidamos las consecuencias.
Porque de sensaciones vivimos,
pero de la realidad huimos.

El amor
es un poema escrito,
al igual el dolor.
En las palabras
nos refugiamos
contra la pérdida,
el vacío
y el anhelo.

Para nosotros
tus atenciones,
cariñosos abrazos,
besos apasionados
son la rima
de cala línea
en la cual me oculto

y te descuido.

PERROS Y GARRAPATAS

Vivimos al borde de la explicación
dándole cuentas a los
envidiosos,
soberbios,
huecos,
plenos de rabia y
cólera verde -
a quienes les importamos un culo,
simple y sencillamente.
Siempre, justificándonos
por nuestras necesidades primordiales,
ancladas en el alma con oro puro.
Disculpándonos
por nuestras ambiciones y modestias
por nuestras dichas y carencias.

Al perro más flaco
se le notan más
las garrapatas.

Así que
ocúpate de ti, no de mí,
después te pierdes
porque a mí la sangre que chupan
las garrapatas me sale sobrando,
y tú me quedas debiendo.

QUERIDA

Hermosa,
las etapas de la vida
se viven nunca sin sacrificio.

Somos como los pajaritos
que dejan el nido cuando
aprenden a volar.
Pero aunque sepamos volar,
por muy alto que sea,
una de nuestras alitas
por delante va
y la otra por detrás queda.

Discúlpame, linda.
En veces hablo puras
pendejadas.
No me pongas atención
que por las mañanas
mis neuronas andan bien
reburujadas.

SABOR A CHOCOLATE

Me gusta la poesía que se
desliza de mis labios
y levanta mis ánimos.
Como el chocolate suizo
cual al derretirse se resbala
como un terciopelo liso.

Van, van, van en conjunto -
culpables de su hechizo.
Hipnotizan el olfato,
enloquecen el paladar.

El hedonismo es pecado, dicen.
Pero por los poemas y el chocolate,
irse al infierno vale la pena.

SOLO LOCOS

El ser bipolar es vivir constantemente
en el precipicio de la psicosis.
Sentir cualquier emoción, fácilmente
puede empujarnos
a un valle de lágrimas; oscuro, sin fondo.
Pensamos que podemos extender las alas
y volar pero mortales somos.

Estamos solo locos.

TÚ Y YO

Tú y yo, distintos
como el aceite y el agua.
Tú, con tu piel morena
y yo, con una tez clara.
Tú, con botas ganaderas
y yo, con zapatillas de niña alzada.
Tú, terco como una yegua alterada
y yo, vaga como una chiva alocada.

Me preguntas,
"¿Sabes, hoy te he dicho
que te quiero?"
Te respondo,
"No, aún no."
Pero lo sé.
Siempre lo sé.
No me lo tienes que decir,
porque me lo haces sentir.

Pero,
¿Sabes tú,
que te quiero por macho
y también por tu apapacho?

¿Sabes tú,
que te quiero por tu intrínseca valentía
y también por tierna empatía?

Y aunque distintos seamos,
en el amor se ceden
las tortas por los tacos,
o en nuestro caso,
las ensaladas por los tacos.

EPISODIO HIPOMANÍACO

Estos poemas fueron escritos durante
mis momentos de *hipomanía.*

UN EPISODIO HIPOMANÍACO, DEFINIDO A TRAVÉS DE LA PSIQUIATRÍA

De acuerdo al Manual Diagnostico y Estadístico de los Trastornos Mentales, un episodio hipomaníaco en resumidas cuentas es:

Tener un estado de ánimo sumamente elevado y energético durante la mayor parte del día y mínimo por cuatro días concurridos. Al menos tres de los siguientes síntomas tienen que estar presentes para considerarse un episodio hipomaníaco:

- Un autoestima muy elevando
- Poca necesidad de dormir
- Hablar más de lo normal (o no poder hablar coherentemente)
- Tener pensamientos (o ideas) muy acelerados
- Distraerse fácilmente por cualquier estímulo (falta de concentración)
- Incremento del enfoque a una actividad productiva (ej. trabajo, estudios, relaciones) o sin propósito
- Aumento en la participación en actividades con grandes consecuencias (ej. gastar mucho dinero o tener relaciones sexuales riesgosas)

Un episodio hipomaníaco no necesariamente impide el funcionamiento laboral y social o requiere hospitalización. En otras palabras la hipomanía es un forma de manía menos severa y extrema.

Un episodio hipomaníaco definido a través del verso.

ALGO BONITO

Escribe algo bonito
déjate de tragedias,
me dijeron.

Pero …

Soy poeta no pintora,
es el problema.
A tus ojos, con versos y palabras,
no los puedo pintar.

Soy poeta no compositora,
es el problema.
A tu sonrisa, con versos y palabras,
no la puedo cantar.

Soy poeta no escritora,
es el problema.
A tus ocurrencias, con versos y palabras,
no las puedo relatar.

Tú existes más allá de la palabra.
Eres puro, angelical.
Seguiré escribiendo melancolías
porque a ti no te quiero tocar.

Para mi sobrino

AMOR A LA CANTINFLAS

Como toma Cantinflas
el Mexicano ama:

      El Mexicano ama
      en primer lugar
      porque va a pagar lo que ama,
      en segundo lugar
      porque a nadie le importa lo que ame
      y en tercer lugar
      porque no le gusta.

AMOR CADUCADO

Al dejar de añorar
una ruptura amorosa
nos damos cuenta que
por mucho tiempo
nos alimentamos de
la lástima y del desprecio.
Una historia, hoy pienso,
muy vergonzosa.

Ya que el mendigar migajas,
trozos de amor caducado,
nos enferma no solo en el corazón
sino profundamente en el vientre.

Por eso los locos, desesperados
que lloran lamentando un viejo amor,

pierden el apetito.

ÁRBOLES DE LIMA

Recuerdo nuestras primeras noches juntos,
recién nuestro impredecible comienzo,
cuando por calles lejanas y ajenas
vagabundos a la monotonía andábamos.
Ambos de estatura baja,
aún así de puntitas y risas de a pecho
de árboles griegos naranjas robábamos.

Pasaron los meses, me enamoré de ti.
De tu risa traviesa me sorprendí
la cual arruga un poco tus ojos
cuales en su oscuro destello me desbarato.

Lo sacrifiqué todo y tú tus miedos.
Equipo lo fuimos para llegar a la meta
de amaneceres abrazados de luna a sol.

Hoy camino en rumbo por las calles,
aún lo son ajenas, espero no por siempre.
Los árboles brotan limas,
del tamaño de naranjas,
verdes aún, pocas he visto amarillas.
No son agrias como las naranjas
sacudidas en árboles griegos
sino dulces como limas,
sacudidas en árboles mexicanos,

Dulces, como todo a tu lado.

CAMINARES DE MUJER

Unas de nosotras decidimos
no ser madres, pero eso no
nos hace menos mujeres.
Al menos pienso yo
que jamás en mi vida
un pañal recién premiado cambié,
a un niño llorando de nervios arrullé
y con el fin de reproducir me acosté.
La feminidad tampoco la encuentro
tras las curvas de mi cuerpo,
lo montañoso de mis caderas,
lo suave de mi piel lisa,
la simetría de mi cara
enrojecida por la pena y el sol,
el deslizo de mi cabello corto y oscuro,
lo delicado de mi voz de niña
y en la aguda manera en cómo
pronuncio cada palabra con ardor.

Las tareas domésticas,
como el cocinar, planchar, lavar
a lo que define una mujer
también dejan mucho por desear.

Seré sincera, la verdad es
que no sé que es ser mujer.
Todas somos distintas.
A unas les gustan las rosas
de primavera en otoño,
azúcares para eliminar lo
agrio de las bebidas
y bombones en cajas
en forma de corazón,
atadas con un rojo listón.
A otras nos gusta
nuestra independencia,
recorrer el mundo solas,
un buen café negro
por las mañanas, o dos
y el tequila sencillo,
crudo como los mejores placeres.

No sé si es porque sea mujer pero yo
lloro porque el mundo es injusto,
el protagonista de la película murió
y porque es martes y la gana me dio.

Sonrío también porque es jueves,
nada sucede los jueves,
porque de mi ventana la lluvia
puedo apreciar y el vapor de mi té sentir
y sonrío porque de un huevo
dos yemas esta mañana conseguí.

Sonríe, estás viva – dicen los hombres por la calle.
Lo sé, pero no me gusta que me lo recuerden.
Porque soy mujer y tengo
el derecho a sufrir,
a dejar de sonreír,
a no querer fingir.
No sé que tengan que ver
estos derechos con ser mujer.
Lo digo solo porque me conviene.

También dice la biblia que
la mujer nació de la costilla de Adán.
Pero lo dudo.
Al patriarcado le gusta soltar
la lengua cuentera por hablar.
Más bien nosotras pienso yo
somos como Atenas
quien de la cabeza de Zeus nació.

Sabias como la Diosa griega somos
en todo, por todo, de cualquier modo
menos, y esto lo aserto con mucha pena,
menos - en cuestiones del amor.

CEBOLLA

Eres una cebolla.
Al pelar cada
una de tus capas
lloro,
lágrimas
no de angustia,
ni de alegría
pero de nada.

Solo son así.

Al descubrirte
más me descubro a mí.

Y el encontrarme me hace llorar.

DEDOS Y AMISTADES

Extiendan sus manos,
cuenten sus dedos.
Dicen ese ser el
número de amistades
que tendrán en sus años.

Pero por ustedes,
por ustedes,
crezco dedos.
Dedos cuales nunca
soñé tener.
Solo porque tú, tú, tú
así me lo concedes.

Somos pocos los dichosos
quienes contamos con las
mutantes habilidades
de nacer extremidades,
desatarse de restricciones para
formar genuinas amistades.

¿Acaso la fuente
del amor se escasea?

Ya que quien en realidad aman
a los amigos que la pena valgan,
nunca se limitan
a la fantasiosa construcción,
a la biología interior y
a la misma canción
de contar sólo con cinco dedos.
Porque
los amigos son los seres más puros,
las relaciones más sinceras,
las aventuras más risueñas y
los adioses, los adioses más duros.

EL VIEJITO DEL CORSAGE

Te lo ponías con un alfiler
antes del baile.
El viejito siempre me lo
llevaba de gardenias,
el olor más sutil,
me recuerda
mucho a la canción –
perfume de gardenias.

Ah, como era vaga, mija,
pero vaga sana,
nos gustaba coquetear
y con todos bailar.

Después me enamoré a mis 19.
Como era linda su familia,
gente sencilla de los de antes de Sinaloa.
Y cuando me llevaba, pasábamos por
pueblos chiquitos, muy humilditos.
Al pasar en cada ranchito
te invitan a comer frijoles -
pero puros frijoles diferentes.

"Mama, tú tienes tantas historias."

Pues tengo 54 años, mija.

HIGO EN INVIERNO

Si con el divino derecho pudiera,
las coloridas temporadas detuviera
para disfrutarte en tu momento
así como eres, sin ningún aumento.

Pero soy mortal, débil al
empaquetado amor
cuál nos venden
en cuentos mágicos
tras los vidrios del televisor.

Eres tú un higo,
cuál florece en primavera.
Soy yo una tonta,
quien te desea en invierno.

LA DECEPCIÓN

La decepción es como
la realidad después del sueño,
el aire frio después de la ducha,
el aullido del perro a las 4 de la mañana,
la cachetada de una mujer traicionada,
la lluvia en el desierto y
el golpe al vientre.

Te llega así como así,
inesperadamente.
Vacía las ilusiones de cada rincón
dejando solo huecos,
destrozando memorias,
interminablemente.

Purga
tu estomago de las mariposas,
tu alma de la tranquilidad y
tu corazón del anhelo.

Todo corre más lento.

Quiero llorar y no puedo.

LA DIFERENCIA

Existen personas
de quien te enamoras
y nunca vuelves a ver.
Mas otros
de quien te enamoras

y en todo los ves.

LAS ESTRELLAS

Cuando sientas el florecer
de tus esperanzas marchitándose,
tus ánimos apagándose,
te aseguraré poder alcanzar las estrellas.
Solo te pediré hincarte
y en tus manos sujetar mi pie.
No me dejes caer que
en tu fuerte agarre me apoyaré.
Así seguramente lograré bajar
una luz brillante para volver a encender
la llama de tu alma y tu supremo ser.

MI BELLA JUÁREZ

Tienes fama pero no hablan bien de ti.
Tus calles marcadas con rastros de peligro.
Tus paredes grafiteadas por el olvido.
Considerada, eres, como la axila oscura,
la cuenca ojerosa, la mujer tenebrosa
de la República Mexicana.

Pero son unos tontos
porque no cuentan sobre
tus paisajes desérticos,
tus altos y mágicos cerros
donde se crucifican sueños
y la biblia es la verdad, léela.

Aquí de burritos y esperanzas nos alimentamos.
Somos trabajadores, humildes, alegres.
Lo poco que se tiene se cuida.
Y no hablo de pertenencias.
Porque aquí sabemos que la vida es prestada.
Lo que no nos pertenece se cuida.
Pero eso si aquí somos dueños de nuestra dignidad,
esa no es prestada.

Bailamos, cantamos con los pachucos,
veneramos a la Virgencita en su santo,
sin vergüenza ninguna.
Aquí no pretendemos lo que no somos.
Lo amargado se lo dejamos a los demás.
Somos sencillos, devotos, soñadores
de raíces Rarámuri, Menonitas, Estadounidenses.
Nos orgullecemos de mucho,
pero de poco nos engrandecemos.
Todos los días nos levantamos
contra la furia de tu desértico sol.
Y si el sol ardiente no nos encandila
menos nos apaciguan tus inviernos,
esos que calan hasta en los huesos.

Cómo has cambiando.
Tu apariencia ya no es igual.
El Noa Noa, la inocencia de tus juventudes
y la violencia del 2008 son cosas del pasado.
Pero tu esencia la siento aún en tus caras
sonrientes, chimuelas, hermosas.

Aún en conversaciones de palabras arrastradas
nos emborrachamos de penas y desdichas y así
llegamos a entender que el sufrimiento
es aprendizaje, no castigo.

Los tuyos somos ni de aquí ni de allá.
Profundamente somos unos perdidos,
náufragos a una identidad.
Aunque lejos algunos de nosotros estemos,
en nuestros corazones siempre te tenemos.
Y cuando nos preguntan de dónde somos,
contestamos, de Ciudad Juárez, con un fijo orgullo.

La frontera más fabulosa y bella del mundo.

OLVIDARÉ NUNCA

Olvidaré nunca la primera vez que te conocí.
Esos maravillosos días en tierras griegas,
donde dos mexicanos cargando con sus
historias y crueles desamores,
se abrieron y en el destino confiaron.

Nos conocimos al precipicio
de un nuevo inicio
en un viaje desahogador
cual nos brindo la dicha
de volver a respirar y
nuestros duelos tras abandonar.

Tú fuiste la primera a mi invierno.
Por ti, mis ganas al amor,
y eso de riesgo, fue floreciendo.
Cada pétalo con
cada certeza, verso, letra y beso
se desenvolvió.

Hoy olvido siempre
mis dudas, te diré.
A tu amor me lanzaré.
Ya que el amor es coraje, y no miedo.
Dejo la incertidumbre en el olvido
y me arriesgo a quererte.
Aunque daño me han hecho
se que tú, con tu
espíritu ardiente,
corazón de valiente
y alma creyente,
no me decepcionarás.
Pero por el momento,
en un amor de lejos,
olvidare nunca el vacío que siento
al despertar y no tenerte a mi lado.

Olvidaré nunca nuestras pocas veces juntos.
Porque por el momento, es todo lo que tengo.

PORDIOSEROS

El poeta lucha
toda su vida
contra la poesía.
Su instinto la niega
por ser de pordioseros
y hambrientos.

Porque nadie,
ningún cuerpo,
con excepción,
quizá a Neruda,
come de la poesía.

Solo el alma se nutre.

UN DÍA MÁS

Me da miedo
el paso del tiempo.
Quiero que nos
quedemos así
como estamos
acurrucados
en el aquí.

Entre sábanas envueltas,
mañanas de pereza,
el vapor del café deslizándose
mientras el café enfriándose
tras la calentura de nuestros
cuerpos y labios deseosos.

    "Espera,
       que estoy escuchando
       tu corazón," dices.

Hoy es un día más,
mas no un día menos
contigo.

Hoy ya no me voy

mañana.

EPISODIO DE DEPRESIÓN MAYOR

Estos poemas fueron escritos durante
mis momentos de ***depresión.***

UN EPISODIO DE DEPRESIÓN, DEFINIDO A TRAVÉS DE LA PSIQUIATRÍA

De acuerdo al Manual Diagnostico y Estadístico de los Trastornos Mentales, un episodio de depresión mayor en resumidas cuentas es:

Aportar un estado de ánimo muy deprimido por casi todo el día y mínimo por dos semanas consecutivas. Las energías del individuo disminuyen sustancialmente. Al menos cinco de los siguientes síntomas tienen que estar presentes para considerarse un episodio de depresión mayor:

- Sentirse triste, sin esperanzas y hueco por ningún motivo fijo
- Tener menos placer o interés hacia actividades que normalmente sean cautivantes
- Poca/demasiada necesidad de dormir
- Una inquietud en el cuerpo muy exaltada o una disminución en las funciones psicomotoras, observable por otras personas
- Disminución de energía hasta llegar a sentir fatiga
- Tener culpabilidad errónea o sentirse incompetente por ningún motivo fijo
- Indecisión y falta de enfoque o no poderse concentrar
- Pensar constantemente en la muerte, tener ideación suicida o intentar tomarse la vida

Los síntomas no pueden atribuirse a un estimulo externo como una pérdida que normalmente cause tristeza o depresión (ej. divorcio, quedarse sin empleo, fallecimiento de un ser querido). La depresión mayor puede llegar a afectar el funcionamiento laboral y social. En ciertas situaciones la hospitalización es necesaria.

Un episodio de depresión mayor definido a través del verso.

ALICIA

¿Sabes?
Me haces falta.
En ti recorro los pastos
soñadores,
en tus versos
despego la calma
¿o quizá la locura?
En mi libreta roja te
doy luz – que brilla, brilla,
como el sol de primavera
ese mismo que
ya no me encandila.

Ah, pero te he descuidado,
Discúlpame.
Me fui a bailar, sola
como una loca, loca –
bailando en mi casa de risas,
en el país de las maravillas.

Me llaman Alicia.

Me perdí en la alegría
del pasto,
los píos de los pájaros
y en esos sonidos
sutiles de las hojas de los
árboles que hacen contra
la tranquila brisa
del viento.
Te pido perdón.
Te descuide.
Mañana, quizá, regreso
Pero hoy seguiré bailando.

Sola.

¿Te dije que me llaman Alicia?

AMORES DE TERCOS

Existen amores que calan
marcándote para toda la vida.
Amores jóvenes cuales
pueden morir en su infancia,
a punto de su culminación.
Los más inolvidables.
Los que más duelen.
Porque no pueden ser,
no por falta de querer
sino por no poder – y ya.
Existen contextos en el que
querer no es poder,
querer es sufrir.
Las fantasías
nos llenan de vida solo para
hundirnos en arroyos secos.

Amores de lejos, dicen
son para los pendejos.

Pero los Mexicanos aman
primero por el alma y
después por tercos.

ANOCHE SOÑÉ MORIR

Fuiste parte de mi sueño
pero aún duermo.
Sueño que las gotas,
una por una,
caen lentamente de la llave –
tic,   tic,   tic;
como lágrimas derramadas
en el desgaste de las mariposas.
Abierta aún sigue la llave, abierta
hasta inundarme por dentro.

Me ahogué en el peso de un momento.
¿Pero que no de eso trata la vida, de soñar?

La vida, la llegamos a improvisar
después de que la fantasía
de un amor perfecto, se esfuma.
Y tras el humo, mueres -
la vida, el amor, no hay diferencia
ambos se marchan así como así.

¿O quizá es comer de latas
caducadas, lo que te mata?
Advertiste que revise las latas –
si están golpeadas,
lo de adentro
se convierte en veneno.
Pero yo nunca reviso las latas.
El agua cambia todos los días.
Hoy me inundo.
Mañana despierto.

Pero primero hay que soñar la muerte,
para despertar.

CAFÉ CON LECHE

Café con leche, una taza,
por la esquina la hoguera
y el intenso olor a canela.
Pedimos asilo al cálido
manto de la noche,
quien íntimamente nos conoce.
La llamamos hogar.
Pero por las tardes, sin el refugio
de lo tenebroso de la inseguridad
y lo vacío del empeño, nos ocultamos
en las afueras de las iglesias,
siendo testigos a sus rituales
donde los demás se llenan de esperanzas
y nosotros de dudas y preguntas,
tras la herejía perecemos, nos amenazas.
Ojos ciegos, por dentro cayeron
hasta dejar solo cuencas vacías.
Nosotros en la desgracia
echamos un vistazo por dentro,
por dentro,
es lo único que podemos entender.

COLONIA FERROCARRIL

Domingo llega
a las 8 de la mañana,
se va a las 7 de la tarde.
Doble turno, dice.

A la media noche
pasa el señor del caballo
cantando a Chente.
Por la ventana,
lo veo de frente.

Los de las bicicletas
a todas horas se ven
recorriendo sus caminos
de siempre, entre
campanillas y campanillas
anunciando su pasar.
El pasar menos incógnito
ya que navegan
por calles prohibidas.

No muy seguido
caminan en conjunto
una mamá y un niño,
digamos como de a cinco.
Ella cansada,
con las angustias por encima.
El como si nada,
jugando en su triciclo
libre de la pobreza ser víctima.
Los de la ferretería
temprano empiezan,
acarreando fierros
de amanecer a sol.
Ya por la tarde
sentados los ves, limpiándose
sus caras empañadas

de mugre y sudor.
Durante días cuando
hasta las baquetas brotan calor
ellos se escapan a las nubes.
Sabemos nosotros de
donde viene ese psicodélico olor.

Cruzando la calle,
sin ninguna falta,
los sonorenses
rostizando sus pollos
la música empiezan a tocar.
Es siempre la misma
comenzando con
rolas salseras (para el colmo de males)
terminando con las
de Chente.

Las personas varían,
día tras día
en la Colonia Ferrocarril.
Los obreros más humildes
la vida le dan.
Pero el constante
de la colonia
no son las personas
sino el ruido,
la sinfonía de carros pasar,
que por las noches me arrullan
y por las tardes me abruman.

Carros con rumbos,
carros con propósito,
carros con vidas.

Yo solo los escucho pasar.

DE POCAS PALABRAS

Soy una mujer de
pocas palabras.
Discreta como cuando la brisa
sobre los árboles se desliza
y deja caer suavemente,
calladamente,
una hoja descolorida
con el pincel de otoño.
Ya que en primavera las
hojas de las ramas
en vida se sostienen, pero
en muerte se desprenden.
Porque así es la vida,
florece en marzo y
marchita en noviembre.

DESNUDA

Anotando en su libreta, tranquilo
lo veía con sus piernas cruzadas.
Solo él y yo, entre cuatro paredes.
La pintura gris, fresca, sofocante.
Más estéril una sala, dudo imaginar.
Extraño – traía puesto unos huaraches cafés;
de esos huaraches mexicanos
que venden en el mercado.
No el calzado, creo yo, más apropiado.

Me observaba con astucia, lo noté –
hasta como cogía la piedra
de mi collar y la deslizaba
a través de mi clavícula.

> "¿Por qué sujetas tu collar, Jacqueline?"
> "Un tic nervioso," respondía yo.
> "¿Por qué estás nerviosa, Jacqueline?"

Hacía muchas preguntas.

Y así en esa fría sala
mis respuestas desnudaban
frente a el mi alma.
De mi interior, con gran contemplación
el examinaba cada hueco,
horizonte, curva y defecto.

Tras su mirada analítica, metódica
me sentía ... expuesta, como una
bacteria en una placa de Petri.
Cada reacción medida con
el juicio de su pluma.
Mil veces prefiero desnudar mi cuerpo
frente a un morboso prejuicio,
a someterme a la carne,
rebajarme a lo perverso,
deshumanizarme.

Apaguen la luz, por favor.

EL REFLEJO

Tranquilas,
así me gustan las tormentas
cuales cordialmente se arriman
después calladamente se alejan.

Lloviznas,
con sus sutiles rastros,
acarician banquetas,
madrugadas besan
con el delicado soplido del viento.
Pequeñas gotas, al amanecer
restan sobre las hojas de arbustos -
de la naturaleza,
un microcosmo reflejan.

Al apreciar con más fineza,
vemos que el café de nuestros ojos
y lo profundo de nuestras miradas
también se refleja

pero al revés.

. s é v e r   l a

EL TIEMPO DE LA MARIPOSA

Viajo cruzando puentes
que apenas me pueden,
sostenidos con sogas podridas y
maderillas frágiles
como las alas de la mariposa,
alas de papel, que con el paso del tiempo
abandonadamente carecen
como al chimuelo
se le caen los dientes.
Puentes que nunca espere recorrer –
arriesgándome la vida
volteando nunca atrás,
pero contra el consejo de todos,
de vez en cuando fijando la
mirada hacia lo profundo
del abismo por debajo.

Quizá será valentía,
otros dicen estupidez,
pero ahí, en ese momento
donde solo existimos el abismo y yo,
contemplo la oscuridad.
Porque ahí, en ese momento
encuentro la inspiración
de una nueva oportunidad.

El abismo es mi lienzo en blanco.
Recorro el lienzo con el
mismo ardor eufórico de Pollock.
En cada pincelada me pierdo,
desahogo el sofocante miedo
de no realizar potenciales,
de no cumplir exigencias,
de no poder proteger mis alas de papel y
de no poder volar como la mariposa
en su tiempos.

Durante el tiempo de la mariposa
acecho hacia donde me lleve el viento.
Durante el tiempo de la mariposa
vagabunda soy.
Sin rumbo fijo yo voy.

ESTOY LISTA

4:30 a.m.
Pasa una ambulancia
sus sirenas me despiertan.
Al abrir los ojos
como avalancha me golpean
todos así, de un jalón.
Problemas, tragedias, mis dilemas.
¿Que hare con ustedes hoy?

Dicen por ahí
mujeres sabias que
en malos tiempos,
buena cara.

6:30 a.m.
Suena, suena, suena
el despertador.

8:00 a.m.
Aún bajo las cobijas envuelta,
ellas me cubren de la vergüenza.
Lástima desesperación,
pesada como el agua
me deja sin ninguna fuerza.

¿Y ahora que voy a hacer?
Pienso.
¿Ahora que?

Dicen por ahí
mujeres sabias que
no reacciones,
sino actúa.
Y

respira.
Duerme
que tras el manto
de la noche las
soluciones
se esconden.

Tiende tu cama
porque aún eres persona.
Llora, pero a su tiempo.
Sácalo.
No lo embotelles.
Dile, "¿Llanto, dame chance sí?
Después te atiendo."
Enójate, pero lo necesario.
Y solo como empuje.
Déjate motivar.
Hazte más fuerte.
Eso será tu venganza.
Con el paso del tiempo,
después no te importará
porque realizarás,
cuenta te darás,
que ellos no valen la pena.
Te aseguro,
que algún día
las gracias les darás.
Esas gracias genuinas,
y no rencorosas.
Atrás verás
y nunca querrás
cambiar lo sucedido.
Adelante verás
y a la vida le dirás,

EXTRAÑA

Ella, con sus ojos me sonrió
durante nuestro pasar.
Las arrugas de sus ojos cafés conté.
Las pecas de su simétrica nariz admiré.
Dos miradas hipnotizadas fueron
sobre banquetas
cuales en su breve encuentro
lograron penetrar dos almas;

la mía y la de mi reflejo, ella.

GOTAS

Siento las gotas del agua,
frías ... sobre mi piel, mojar.

Las veo caer.

Una por una.
Como en cámara lenta.

Miro a los ladrillos
de las banquetas, empapar.
Escucho a los pajarillos
de inocentes días, piar.
Imagino a los grillos
de la noche de mi alma, llorar.

En los píos del atardecer
las ardillas corren por el pasto.

Las gotas siguen cayendo.
Yo, las sigo viendo,
y el empezar de la tormenta,
la estoy presintiendo.

Tan predecible.

Ya las nubes oscurecen;
los animalitos desvanecen.

Sigo aquí,
tranquila –
sintiendo la tormenta
sobre mí.

Cuentan que en el ojo del huracán,
se respira – en absoluta paz.

Con el corazón en pedacitos,
ya sin mas lagrimas por derramar,
seguiré aquí
bajo las gotas de la lluvia

y dejaré que ellas lloren por mí.

HABER VIVIDO

Escribo solo para liberar mi mente
deshacerme de mis pensamientos
tóxicos, venenosos, corruptibles.
Para volver a ver la realidad
tras la neblina que ciega mi vista
y sofoca mi pecho.

Que triste es haber vivido,
haber probado la virtud del amor.
De poder ver a los colores resaltando
a través de una luz brillante;
la misma luz que ya no me ilumina,
que me ha abandonado.

Los pensamientos me invaden,
sofocan mi claridad y atormentan
aquellas memorias anheladas
de algún ayer.

Ellos navegan dentro de un barco
siniestro, sin capitán, ni dirección;
perdido va en las mareas de los mares
más lejanos, oscuros y olvidados.

No puedo dejar de arrullarme;
será quizá la única manera de
apaciguar la ansiedad de mi cuerpo.

Quiero huirle a las noches frías.
Quiero escaparme de mi misma.
Quiero arrancarme la maldita cabeza,
aventarla al suelo, pisotearla –
vengándome del maldito
tormento que me debilita.

Los sabios cuentan que uno
debe de aprender de sus retos,
mas no preguntar ¿por qué?
sino ¿para qué?

Pero esos sabios,
aunque muy sabios sean,
no viven el trastorno de
mi mente venenosa
cual infecta e invade
mis noches más tristes,
cual me deja derrotada
ahogándome
en mi sufrimiento y
en mi continua confusión.

IMPOTENCIA

Vida, es eso que hago
mientras no escribo.
Palabras que carecen
son las que más ofrecen.
Cuando digo nada
es cuando más lo pienso.
Y el no poder contar
con la maldita elocuencia
para externar pensamientos
considero mi triste impotencia.
Así se ahogan por dentro,
mis turbulentos sentimientos.

Por fuera sonrío y te digo que todo está bien.

INVIERNO

Se acerca el otoño de cálidos inviernos,
de primaveras eternas floreciendo versos.
Encantadoras fragancias, olores de gardenias
tranquilizan mis ansias, sosiegan mis urgencias.

En su pequeño ramo en un semáforo me las obsequiaste
advirtiéndome que así no te agrada flores regalarme.

"Las flores tienen que ser un esfuerzo
pero ya tenía tiempo sin dártelas."

Las gardenias amarillas son mis favoritas.
Las gardenias que tú me diste eran blancas.

Ya con tiempo me conocerás lo importante es que
en este cálido invierno ya no tengo frío.

LA COSTRA

Aún no me llegan las palabras,
se las ha llevado el viento.

Porque en el desgaste del dolor,
en el recuento de la pérdida,
los poemas ya no me saben igual.

No abras más la herida.
Deja que con los años
cicatrice, sane
y que te marque solo
con la memoria
pero no con el trauma.
Deja de piquetear esa costra
para que ya no sangre más.

Te extraño,
con tu carita de ángel,
tus lagrimas de inocencia
y tus tiernas sonrisas.

Pero ya no eres la misma.

Nunca lo serás.

LA PIEDRA EN EL ZAPATO

Lo que escribes es tu reflejo
a lo interno, me dijo un taxista.
Es como la piedra en el zapato,
cuál te acompaña día y noche.
Todos caminamos con esta piedra.
Unos de nosotros aún así corremos.
Nos cala, nos ampolla, nos tropieza.
Pero también en nosotros encaja.
Se vuelve parte de nuestra carne,
de los dedos, de las uñas, del juanete.
Quítamela y por dentro
un gran vacío sentiré,
porque la costumbre duele
menos que el alivio repentino,
como cuando después de un disparo,
a la bala enterrada te arrancan.
El miedo a sufrir es más
doloroso que el sufrir en si.
La piedra la traemos bajo la planta
del pie para recordarnos que tan
plantados estamos con este mundo.

LA PLAZA CATALUÑA

Se despierta Barcelona
acompañada por un perezoso sol
abandonando suavemente
el crepúsculo visto desde mi avión.

Mientras, perdida en sus laberintos
de historias y cuentos infinitos,
recorro sus calles pedradas
arrastrando maletas extranjeras
aportando innecesarias pertenencias,
mis recuerdos a tristes experiencias.

Aún es temprano porque los árboles
conceden sombra al resplandor
del débil aún no fuerte sol español.

Los días parecen semanas,
cuando se persigue el sueño
en noches eternas, sin poder dormir.

Si me vieran pensarían de mí,
que sola se ha de sentir esa
mujer para platicar con palomas
en la plaza junto a
niños mojándose
en fuentes sin ceder y
parejas tomándose
de la mano en el amanecer.

Pero la gente pasa,
sin mirarme ninguna vez.
Es que a los fantasmas solo
los locos y moribundos
nos llegan a ver.

LOS BARRENDEROS

Los barrenderos pasan
a las 9 de la mañana los
desvelados domingos
rodando tambos repletos de
olvidados desperdicios.
Con sus campanillas se anuncian,
ding   ding   ding.
Con sus pañuelos limpian su sudor
de duros días y trabajos sin valor.

Pero alguien tiene que hacerlo.

Para mantener la farsa de una ciudad –
se debe barrer la basura, esconder lo feo,
para que los ricos de su orgullo
siempre puedan disfrutar
mientras los pobres de su dignidad
nunca tengan que sacrificar.

MAÑANA

Los días del mañana me
han dejado plantada.
Siempre esperándolos estoy
con el mismo anhelo y
ánimo de costumbre.

Sola estoy. Sola los espero.

Les soy fiel.
Creo en sus esperanzas,
en las promesas que me
traerán buena fortuna,
solucionaran problemas,
brindaran respuestas
de las dudas de hoy.

Se derrumba el ayer olvidado.

Pero hoy vivo en el ayer,
el que a pesar de mi traición
me es fiel.
El que me consuela después
del dolor tras las vacías
promesas rotas del mañana.

Terca como una mula
mantengo vivas las jodidas
esperanzas.

Y por ingenuidad,
los seguiré esperando.

MARIPOSAS

Soy como la mariposa
que de su capullo emergiese,
embellecida con los colores
cálidos de una monarca.
Los mismos que se relucen con
el brillo del sol, y te ciegan.
Fuera de mi capullo,
extiendo mis alas, rejuvenecida,
lista para volar.
Y con las canciones de las
hojas de los árboles caer,
en las nubes floto,
perdida en el profundo hipnosis
del éxtasis de mi ser.

Pero soy frágil,
mis alas de papel.
Ellas boyan con el soplido
del viento, pero son
las mismas que se rompen
al sentir la primera gota
de la inevitable tormenta,
que a su llegar presiento.

Que para ti será tormenta
pero para mí es la tempestad.

No me hagas daño.
Déjame volar.
Que sin el ímpetu
del viento,

me muero.

ME REGALÓ UNA FLOR

Me regaló una flor
que en la banqueta se
encontró.
Para mi dicha
una mariposa
en ella se durmió.
Y al traérmela,
al cortármela,
al en agua ponérmela,
la mariposa
despertó.
Y le dije,
descuida que
no te tocaré
con tus alas de papel.
Solo en tus colores
amarillentos de sol
de amanecer
te admiraré.
Y después
cuando salga el sol
como todo gran amor
te dejaré ser.

Y libre, libre te soltaré.

NOCHE Y DÍA

Fue la mañana posterior a mi muerte.
Amanecer con un próspero inicio
careciendo de un anterior prejuicio.
Solo despierta con aliento en blanco,
los rayos del sol me liberan del barranco;
hueco, sin flores, de piedras y suerte.

Eso me dijiste.
La suerte es para los desprevenidos.

Fue la noche posterior a mi resurrección.
Noche en mi alma, mente abrumadora,
cuál con su manto fue ocultando la esperanza.
Debilitador fue el transcurso del atareado día
ya que la lógica de un pensamiento
desvanecía
tras la dulce locura de mi eterna maldición.

De una inestabilidad emocional
se apaga y se prende la luz
mas no con el ritmo de los días –
porque es impredecible en sus manías.
La luz disminuye la niebla por frente
mientras por detrás huyo de lo dementé.

NO ERES TÚ, SOY YO

No eres tú, soy yo.
Lo sé, una excusa tan agotada.
Hasta parecería de cuentos,
donde sí eres tú y solo yo
intento no herir tus sentimientos.
Pero te lo imploro, créeme,
al menos esta vez cuando te
aseguro que sí soy yo, y no tú.
Te pido no dudes,
como Hamlet a Ofelia le suplicó,

"Duda que sean de fuego las estrellas,
duda que el sol haga movimientos,
duda que la verdad sea mentira,
pero no dudes que te amo."
– Shakespeare

Cuando me pierdo en la ventana
y notas muy distante mi mirada,
duda que eres el causante
de mi triste laberinto eterno,
duda que tus nobles esfuerzos
sean en vano, desplazados,
duda que tus caricias rocen
la piel de un ser muerto,

pero no dudes que mejores
días tendremos.

Porque esta lucha es de dos,
pero hoy necesito que me ames
un poquito más de lejos.

OLVIDAR

Entra la nostalgia y
huyen las palabras;
palabras perdidas en
el oscuro profundo
de la eterna noche y día,
palabras navegando
sobre violentas mareas
estrellándose contra el viento.

A través de las nubes negras,
nubes anunciando la lluvia,
aparecen los sutiles rastros
de las estrellas que iluminan,
aclaran mis pensamientos
aunque sea solo por
ciertos y repentinos momentos.

Que divino fue tener-te,
pero que privilegio es olvidar-te.

POEMA DE LUNES

Anoche al dormir me quedé buscando el descanso,
perdónalo, anda bien extraviado el carajo,
quien antes de marcharse susurro por debajo,

    "Con sueño te dejaré añorando."

ROMPECABEZAS

Hoy como ayer, me desbaraté,
como se desbarata un
rompecabezas recién armado.
Cada vez que lo termino una
escena distinta encuentro.
Hay días que sus escenas
macabras y trastornadas,
como las de los dibujos de Goya,
me espantan, mientras otros
que en sus coloridos campos
alfombrados con pasto y cosechas
de lavanda en la euforia me pierdo.
Mi rompecabezas es redondo,
sin esquinas ni orillas, así no me caigo.
Consiste de miles de piezas pequeñas,
cuales de blanco y negro cambian
a colores chillantes, brillantes
dependiendo en la luz y el día.
Mi rompecabezas es de esos
que se inician de en medio.
Porque mi inicio comenzó antes
de empezar y mi fin ya me ocurrió
varias veces.

SE ME OLVIDA

Sufro de la estupidez.
Se me olvida que estoy enferma.
Y cuando me pasa
me desbarata.
Desorientada me deja,
ésta maldita depresión,
que aunque la conozca
íntimamente
me llega siempre
como una extraña
de la nada
y me deja exprimida
como si fuera la primera vez.

Es fácil olvidar lo que
por dentro te vació.

Pero nunca olvides,
Jacqueline,
que eres más valiente
de lo que te imaginas.

SOFOCANTE

La bipolaridad es como una llave que no cierra.
Las emociones, como el agua, no dejan de correr.
Turbulentamente se navega,
después se desciende, en una ola de pensamientos,
siempre contra la violenta marea.
Hasta que llega el punto que pensar, no se puede más.

Porque las emociones son el agua, la lógica el aire,
y mientras me ahogo, me sofoca el agua, me deja sin aire.

No me dejen sola – no puedo respirar.

TIBIO

Hay veces que una
fantasma me pienso.
Perdiendo mis
mejores años, siento
tras la neblina de
la depresión, durmiendo.

Quiero volver
a escuchar los pájaros cantar,
a los niños en su inocencia jugar,
a mi indolente corazón palpitar.

En el espejo de la
sorda y muda indiferencia
desconozco mi reflejo,
un extraño en su ausencia.

Siento
lo frío tibio,
lo caliente tibio,
lo peligroso tibio,
lo triste tibio,
lo pobre tibio,
lo injusto tibio,
lo amargo tibio,
lo dulce tibio,
lo amoroso tibio,
lo doloroso tibio.

Mi corazón late pero no lo escucho.
La cabeza, esa nunca deja de girar,
las voces por dentro me gritan.
Hazlo.
Espero que nadie lo note.

Los niños se columpian en el parque.
La gente pasea a sus perros por la tarde.
El viento roza mi piel, sutilmente.
La noche se siente fresca, yo sin suéter.

Porque todo es tibio.

Aún no escucho a los pájaros, los veo.

Como duele el amor.
Confianza carece.
Debería yo ser mejor.
Sin perder mi honor,
mi dignidad de
mi feminidad.
Independiente
soy mujer, sola
siempre valiente.
Menos tras el manto
de un hombre,
por quien moriría.
Con el soy fuerte
por el débil.

¡Mira! Ahí va el señor con
la nieve de garrafa.
¿Trabajan tan tarde?
¿Como acarrean tanto peso?
Eso es vivir. Sufrir. Gozar.

Todos un día moriremos.
Suele ser que no predecimos
el momento exacto o
el tiempo fijo.
Pero es inevitable.

Quizá yo soy diferente.
Quizá yo si puedo.

Y eso me da miedo.

TIEMPO, EL SÁTIRO

Somos de esas miradas que
atraviesan amplias habitaciones
donde entre copas de vino tinto
y sordas conversaciones,
se reconocen sin verse,
se sienten sin tocarse,
se escuchan sin hablarse.

Ahí estás. Siempre. Aunque no estés.

Como dos locos, desesperados,
saboreamos, al menos intentamos,
las horas de la noche, contando
los minutos hasta poder encajar
nuestros cuerpos en un abrazo,
nuestros labios desbaratar
con un dulce vigor apasionado.

Haces que el tiempo cambie,
fluya, pase, se resbale
rápidamente, lentamente.
Porque el tiempo deja de ser una
matemática precisa y en el artesano
de la crueldad se convierte,
en el sátiro de nuestro cuento de amor,
y en una jaula de oro
encarcelándome contra mi favor.
El pinta eternas las horas lejos de ti,
y cruelmente, con pinceladas frenéticas,
convierte las horas contigo

en minutos.

VIENDO A CIEGAS

Caray, cuanto extraño el delirio,
aquella ventanilla donde
la locura se disfraza de genio
y por un instante puedo
verlo todo
sin abrir un ojo.

EMPODÉRATE

Recursos para bipolares y sus seres queridos

EN LOS ESTADOS UNIDOS:

Depression and Bipolar Support Alliance
www.dbsaalliance.org

National Alliance on Mental Illness
www.nami.org

bphope
www.bphope.com

National Suicide Prevention Landline
www.suicidepreventionlandline.org
1.800.273.8255

EN MÉXICO

Organización Nacional de Trastorno Bipolar
www.trastornobipolar.org.mx

Asociación Psiquiátrica Mexicana
http://www.psiquiatrasapm.org.mx

SAPTEL (Sistema Nacional de Apoyo, Consejo Psicológico e Intervención en Crisis por Teléfono)
http://www.saptel.org.mx

Pero recuerda que tu mejor recurso eres tú porque eres más fuerte de lo que te imaginas.

Foto por Jason Chambers

SOBRE LA AUTORA

Nací en los Estados Unidos. Crecí en México. Orgullosamente soy de Ciudad Juárez, Chihuahua. Soy fronteriza. Ahora ando por otros rumbos. La vida me ha llevado a muchos destinos. Estudié antropología y sociología. Así impulsé una carrera basada en números, investigaciones e información. Pero como antropóloga los misterios de la cultura, el arte, las palabras me llaman. Creo que la vida no es ordinaria; es extraordinaria. No la alcanzamos a apreciar porque estamos cegados.

A mi la poesía me arranca la venda de los ojos.

Jacqueline Loweree
2019

www.ingramcontent.com/pod-product-compliance
Lightning Source LLC
Chambersburg PA
CBHW051346040426
42453CB00007B/440